东方图书馆之浩劫

劫后残照

東方雜誌

第二十九卷 第四號

一九〇四年創刊

復刊號

民國二十一年十月十六日

商務印書館

東方雜志 第二十九卷 第四號

《东方杂志》复刊号

《东方杂志》复刊号插图

為國難而犧牲

商務印書館與東方圖書館之慘痛紀念

（參看本期商務印書館被燬紀略一文）

一二八之役，日人以飛機大砲轟炸吾商務印書館與東方圖書館，為被摧殘我文化資料，遭此浩劫，最為慘痛之情形。歷後之殘垣，上寫劫後之情形，館內部已焚毀一空矣。

上圖為商務印書館第一印刷所之正門及二十年紀念室像除二陸之左翼為東鄰印部燒燬後之一瑣機件已全部焚毀瓦礫遍地慘不忍睹

上寫圖書總協房樓毀後之殘景滿鋪地上者皆為灰燼及瓦礫也左為東方圖館之廢墟亦即商務書館編譯所之一部而更東方蘇之兩牆也

東方畫報

第二十九卷　第四號

復業後之上海商務印書館

复兴之后之上海商务印书馆

上海商务印书馆被毁记

商务印书馆善后办事处 编

2016年·北京

图书在版编目(CIP)数据

上海商务印书馆被毁记 / 商务印书馆善后办事处编. — 北京：商务印书馆，2016
ISBN 978–7–100–12102–6

Ⅰ. ①上… Ⅱ. ①商… Ⅲ. ①商务印书馆－史料－1932 Ⅳ. ①G239.29

中国版本图书馆CIP数据核字(2016)第056602号

所有权利保留。

未经许可，不得以任何方式使用。

上海商务印书馆被毁记

商务印书馆善后办事处 编

商 务 印 书 馆 出 版
（北京王府井大街36号　　邮政编码 100710）
商 务 印 书 馆 发 行
三河市尚艺印装有限公司印刷
ISBN 978–7–100–12102–6

2016年5月第1版	开本 787×1092　1/32
2016年5月北京第1次印刷	印张 3　插页 8

定价：40.00元

出版说明

商务印书馆创始于一八九七年，到一九三二年已拥有近五千名员工、遍布全国三十多家分馆，集编译、印刷、制造、函授、公益等业务于一体，是近现代中国出现的第一家现代出版机关。

一九三二年一月二十八日深夜十一时，日军突然侵犯闸北，挑起一·二八战事，我十九路军奋起抵抗顽敌。次日十时，日军多架飞机向中国最大文化出版机关之商务印书馆总厂投下六枚炸弹，顿时浓烟蔽日，机器尽毁。二月一日晨八时许，苦心经营三十余年，庋藏图书四十六万册，荟萃中外古籍善本，服务公众学子的东方图书馆又复起火，古籍孤本，尽付一炬。这一中国文化出版机关的巨大劫难，震惊中外。商务印书馆总厂及东方图书馆被毁是人类文化的重大损失，是日本军国主义者对中华民族犯下的滔天罪行。

商务印书馆被炸毁五个多月后，即一九三二年七月五日，由商务印书馆善后办事处编订的《上海商务印书馆被毁记》出版，从中可以了解日本炸毁商务印书馆的来龙去脉，其以非正式出版物的形式刊行。随后，一九三二年十月十六日该书主要内容由何炳松以"商务印书馆被毁纪略"为题发表于本馆《东方杂志》第二十九卷第四号复刊号上。本书以附录形式附后。

抗日战争胜利已七十余年，商务印书馆也即将迎来她一百二十岁的生日，通过本书的出版，让我们铭记历史、缅怀先烈、珍爱和平、开创未来。

本书的出版得到了上海社会科学院陈占彪研究员的大力帮助，以及商务印书馆《东方杂志》数据库的大力支持，特此致谢。

商务印书馆编辑部
二〇一六年三月

目 录

上海商务印书馆被毁记 1
（一）上海战事起源 1
（二）商务印书馆小史 6
（三）商务印书馆总厂被炸 11
（四）东方图书馆概况 19
（五）东方图书馆被焚 27
（六）日本人辩护 41
（七）赔偿损失要求 51
（八）损失情形及数目 55
　附录　善后纪要 60

商务印书馆被毁纪略 .... 何炳松　73

上海商务印书馆被毁记

（一）上海战事起源

我国最近一次抵制日货始于民国二十年（1931）七月以来朝鲜惨杀华侨事件发生之后。自日本于九月十八夜用武力强占我东三省后，我国抵货益力。日本商务大受损失，因此对我颇生愤恨之意。其后我国各地学生纷起示威并要求宣战，我国对日恶感益深。在此局势紧张之际，冲突随时可以发生。（《各国领事沪案调查报告》，《新闻报》二十一年二月十日）

民国二十一年一月十八日，日本人五名内有僧人数人道经上海虹口三友实业社工厂门外，忽与我国人冲突。日本人受伤者二，一僧则重伤身死。二十日，日本少年保护会会员五十人手执刀棒，往三友厂纵火，归时与租界

中日交恶起源

上海事件发生

巡捕相斗，互有死伤。同日，日本侨民在俱乐部开大会，议请日本政府派海陆军队来华压伏我国反日运动。（同上）

<u>日本总领事提出要求</u>　同日下午，日本驻沪总领事村井向我上海市长吴铁城提出五项要求，皆涉及十八日之事：（1）市长正式道歉；（2）立拘凶犯；（3）抚恤及医药费用；（4）充分取缔反日运动；（5）解散一切反日机关。二十一日上午，上海市长知会日本总领事，谓对前三件立可考虑，后二件难以应从。是日向晚，日本海军总司令盐泽宣言倘上海市长对日本要求之答复不能满意，则该总司令将采取相当办法。二十四日，日本总领事亦作同样表示，同日日本海军并增兵到沪。（同上）

<u>我国表示让步</u>　二十五日，日本总领事复照会上海市长，希望于廿八日作一答复。二十七日，再知会我国市长，谓必于次日下午六时前作满意答复，否则将取必要方法以力行之。其实我国市长于"二十四日即已向中立国人士表示极愿让步以

免冲突，方在劝说中国本地领袖人士停办反日会，于他种团体除去反日字样，以此等字为日人所目为得罪其国者也。反日会因此关闭，各机关于一月廿七、廿八之夜为中国警察所封"。（同上）

二十八日上午七时半，日本海军总司令照会他国防守司令，谓中国方面如无满意答复，伊欲于次晨有所举动。同日下午尚早之时，上海市长答复日本总领事完全承认其要求。下午四时，日本总领事通告上海领事团，谓已接中国答复，认为完全满意，并谓要求之事多已实行，暂时不再取何举动。（同上）

局势危急

然外交局面虽有此变动，众人之心则以为日本海军当局决定无论如何必有所举动。日本报界联合会所发煽动人心之新闻，谓中国无意实行其约言；并谓中国人已预备攻击日人；又逆料中国人民必因反对市长承认日本要求群起反

租界戒严

抗。为以上种种之故，各国驻沪防军委员会心目中以为紧急布告宜实行为善。因此上海租界当局遂于下午四时宣布戒严。

（同上）

日本海军司令布告　　一月廿八晚十一时，日本海军总司令发表布告二道，并将副本送致我上海市长，市长谓于十一时廿五分方接得之。其一提及租界业已戒严，并谓日本海军对于闸北情形极为忧虑。该处日侨众多，决派兵到该区维持法律与秩序。望中国当局速将闸北军队退往淞沪铁路以西，并撤除该地一切防御。其另一布告则谓在上海租界派归日军维持秩序之区域中，凡戒严上必要之事务日军皆将执行之等语。（同上）

日军启衅　　日本海军陆战队及武装平民先已在日本海军陆战队司令部集合者，沿北四川路而进，西趋老靶子路直抵北河南路口，沿途分派队伍于各里弄口。中夜号信一发，所派队伍即向西北趋进。铁路方面最后一队约有陆战队百人开一铁甲汽车欲越过北河南路底华租分界处大门，为上海万国商团所阻。

中国军队初未应日本海军总司令之要求。且即使决定撤退，亦不能于短时间内将该段中国军队实行撤退。且前数日所酝酿之局势亦须顾及，盖足使中国当局目日本海军当局之举动为日本较大之军事行动之一部分也。（同上）

日本陆战队嗣遇我军力抗，只能沿淞沪铁路向南至宝兴路口为止，不能再向南进。其防线在铁路东，贯穿北河南路与北四川路间之租界边界。嗣日军为我国自北车站开至淞沪铁路上之铁甲车所创，北车站亦为我国军队坚守，日军遂不得逞。（同上）

因此日军于一月廿九日用飞机掷弹炸毁北车站，宝山路上其他建筑亦被日军于同日用发

我国军队抵抗

日军飞机掷弹

火炸弹烧毁之。

大概皆信为故意为之,以灭去窥伺日军阵线之要地。(同上)

本馆总厂及编译所、东方图书馆、尚公小学等均处宝山路上,因此遂同被日军炸毁。以上所述为日本军队在上海向我启衅及故意炸毁闸北一切重要建筑情形。兹于继续详述本馆总厂等被毁经过之先,略述本馆创业情形及其对于我国文化教育上各种贡献之大概。

(二)商务印书馆小史

创业始末　　本馆经始于清光绪二十三年(1897)正月,适当甲午中东战役吾国失败,列强劫盟,清政府变法图强之际。创办人夏瑞芳、鲍咸恩、鲍咸昌、高凤池诸人集资四千元,在上海江西路赁屋三楹,购置印机数架经营印刷事业，是为本馆创业之始。吾国新印刷工业之进步实权舆于此。光绪二十四年夏六月迁于北京路，有屋十二楹，添购机器，是为本馆发展初步。越五年始建印刷所于北福建路，设编译所于唐家巷，设发行所于棋盘街，规模至是粗具。

光绪三十年，本馆择地上海闸北宝山路东建筑大规模之总厂，占地凡八十余亩，为总务处、印刷所、编译所、尚公小学以及日后另设之东方图书馆等所在地。复于棋盘街新建发行所，基础至是益固。此后迭图扩充，资本总额逐渐增至五百万元。历任总经理、经理夏瑞芳、鲍咸昌、张元济、王云五、李宣龚、夏鹏诸人先后赴东西各国研究考察以求公司具体之改进，设备日形充实，营业益有发展。（庄俞：《三十五年来之商务印书馆》）

本馆成立迄今已达三十六年，述其贡献之荦荦大者计有四端：即教育教材之供给，中外名著之印行，实际教育文化事业之举办，国

发展经过

本馆贡献
（一）供给教育教材

货之提倡是。兹先叙述教材之供给。我国新教育在过去三十六年中,自萌芽而至于发展与改进,本馆负荷出版界重任,对此重要建设工作,始终为忠实努力之公仆。试就学校课本而论:清季兴学时则出版最新教科书,民国成立时则出版共和国教科书,国语运动兴起时则出版新法教科书,学制改革时则出版新学制教科书,国民革命告成时则出版新时代教科书,最近国民政府颁布课程标准时则又出版基本教科书。无不适应潮流,风行全国。(庄俞:《三十五年来之商务印书馆》)其他教育用品之由本馆供给者约占全国总数百分之七十五之多。(《大陆报》二十一年一月卅日)

(二)印行中外名著

近三十六年来我国文化变动剧烈,思潮混杂,向所未有。本馆深知出版事业关系我国文化前途甚巨,故确定方针,一方发扬固有文化,一方介绍西洋文化,谋沟通中西以促进整个中国文化之光大。本馆因此有中外名著之系统印行。我国名著之出版者有《涵芬楼秘笈》

《四部丛刊》《续古逸丛书》《续藏》《道藏》《学津讨源》《学海类编》等。近又印行《百衲本二十四史》，无不誉满海内。艺术类名著则有《宋人画册》《石渠宝鉴》《西清续鉴》《宋拓淳化阁帖》等，亦无不精美绝伦。关于西方学术之介绍者则有"汉译世界名著""现代教育名著""政法名著""经济名著"以及其他各科丛书。最近风行全国之"万有文库"尤为国内唯一之巨制。此外工具用书如《辞源》《学生字典》《教育大辞书》以及人名、地名、动物、植物、矿物、医学等辞书，尤足应付吾国学术界之需要。定期刊物之有裨学术者有《东方杂志》《学生杂志》《教育杂志》《妇女杂志》《儿童世界》《英语周刊》等，读者皆以万计。（庄俞：《三十五年来之商务印书馆》）综计本馆出版物至民国十九年止已达八千余种，一万八千余册之多。（李泽彰：《三十五年来中国之出版业》）

本馆于供给教育教材、印行中外名著而外，更出其余力举办实际教育事业以谋贡献

（三）举办实际教育事业

于社会。已往者姑不具论,其现存而较著者有由涵芬楼扩充而成之东方图书馆,培植同人子弟及闸北居民子女之尚公小学及幼稚园,以及分设五科学生普及全国之函授学社。以一出版机关而能勉力于具体教育建设,实不易得。(庄俞:《三十五年来之商务印书馆》)

(四)提倡国货　　本馆于供给教材、印行名著及举办实际教育事业外,并亦提倡印刷上国货之使用与制造。例如纸料、石版、钢铁之属,无不尽先采用国产。至于印刷业上所用之铅字、铜模、制版及各种机械、油墨、胶棍等,以及教育用品如仪器、模型、标本、文具等,亦无不自能制铸。除自用外并以廉价供给国人。(庄俞:《三十五年来之商务印书馆》)

本馆设备　　至于本馆各种设备向极完善。其印刷机器之应有尽有,在远东尤无其匹。机器重要者有滚筒机、胶版机、米利机、铝版机、大号自动装订机、自动切书机、世界大号照相机等,总数达一千二百余架之多。(庄俞:《三十五年来之商务印书馆》）世人多称本馆为东方文化之中心机关，洵非过誉。

（三）商务印书馆总厂被炸

民国二十一年一月二十八日晚十一时后，日本陆战队突然侵犯闸北，我十九路军为自卫计起而力抗。日军志不得逞，遂于二十九日晨四时二十分开始用飞机多架由黄浦江中航空母舰上起飞，向闸北空际盘旋示威。七时许天大明，乃实施掷弹，湖州会馆首先着弹，因炸力不巨，未被巨创，尚有数弹落荒地上。（《申报》一月三十日）十时许（《申报》一月三十日作十一时许，《大公报》同日专电作十时许似较确。）日本飞机多架翱翔闸北空际接连向本馆总厂掷下炸弹六枚。第一弹中印刷部，第二弹中栈房。（《大陆报》号外一月廿九日）当即爆裂发火。救火车因在战区无法施救，只得任其延烧。（《申报》及《大公报》一月三十日）火起后日机复继续掷弹，于是全厂皆火（《大陆报》号外一月廿九日），浓烟弥漫天空（《大美晚报》一月廿九日)。又因总厂纸类堆积甚多，延烧更易。厂中各种印刷机器全部烧毁。焚余纸灰飞达十数里外。可见当时火势猛烈一斑。(《申报》一月卅日)租界中人多登屋顶遥望本厂之烟山腾涌，几患人满。(《大陆报》一月三十日)是日下午三时许全厂尽毁，唯火势至五时许犹未全熄。(《申报》及《大公报》一月三十日)据日本海军大尉小田所记，是日日本实有水上飞机四架翱翔于闸北天空，皆携有五百基罗格兰姆炸弹多枚云。(《申报》三月十三日)三月二日，我军因战略关系西退守第二道防线，日军随于同日傍晚进占闸北，并高悬国旗于北火车站及本馆屋顶焉。(《字林西报》三月三日)

<small>上海我国军政要人通报</small>

　　本馆总厂既被日机掷弹炸毁，在上海力抗日军之第十九路军军长蔡廷锴首先于二月二十九日电告国民政府，谓：

> 商务印书馆印刷所中日飞机之炸弹，完全破坏，此为战中最大之损失。(《申

报》一月三十日路透电）

上海市长吴铁城亦于同日谈话中谓：

本人忍辱求全，得以见谅于中外。乃不意于数小时后日舰队司令忽深夜发出一般的通告，同时开始军事行动，攻击我驻军，轰击繁盛之街市，伤害无辜人民之生命财产。例如东方文化所托之商务印书馆编辑部，古籍孤本，尽付一炬。其损失已不可胜计。此种责任应由日方完全负之。（《申报》一月三十日）

国民政府委员孙科、李宗仁、陈友仁、马超俊、张发奎、程潜、薛笃弼、陈庆云、刘芦隐、梁寒操、傅汝霖、方振武、李文范、黄季陆、何世桢、孙镜亚、熊克武、白崇禧诸人亦于同日在恳请政府与全国民众军士同赴国难通电中，指责日本纵其侨民放火焚毁本馆为"掠夺侵凌"。（《申报》一月三十日）国民政府亦于同日发表宣言，称日本用飞机炸毁上海之中国行政交通文化机关及主要商店，为人道所不容。请世界各国采取有效行动，勿使人道公法条约竟为日本暴力蹂躏破坏无遗。（《时报》号外一月三十日）

<small>重要团体通电</small>

同日，上海市商会等各团体致电美国大总统胡佛及国务卿史汀生称日本军队猛攻华界，飞机掷弹放火。"且将中国文化有关之商务印书馆焚毁。古版图书尽付一炬。纵云正式作战，亦不应野蛮至此。"请求主持公道，以强力制止日本暴行，藉维东亚和平。（《时事新报》一月三十日）同月三十一日，蔡元培、刘光华、蒋梦麟、邹鲁、谢持、梅贻琦诸人，代表中央研究院、中央大学、北京大学、中山大学、武汉大学、清华大学等电致国际联合会国际文化合作委员会称：

> 日本陆战队及飞机二十余架叠在上海之闸北横施暴行，故意摧毁文化机关，如中国最大出版事业之商务印书馆均被焚

殆尽。

特请该委员会转请国联行政院迅采有效方法，制止日军此类破坏文化事业及人类进步之残暴行为。(《大陆报》二月一日；《申报》二月二日) 同日，国际联合会我国代表团在日内瓦公布照会三件，其中一件述及日本飞机二十架在上海某一区域内不分皂白，抛掷炸弹不已。我国行政交通文化机关及重要商店均遭毁灭。(《新闻报》二月二日) 二月一日，北平市学生抗日救国会电致全国将士，亦有"暴日毁我文化机关，欲哭无泪"之语。(《大公报》二月二日)

同时国内外学术界中人如李石曾、朱家骅、程时煃、任鸿隽、陈衡哲、邵裴子、郑宗海、傅斯年、李培恩、萧友梅、潘文安、楼桐孙等百数十人均函电或亲赴本馆慰问。岑春煊亦于二月二日因日军焚毁我商务印书馆，摧残我文化机关，函致日本首相犬养毅悬崖勒马，戛然止戈。(《时事新报》号外二月十八日) 本馆备

中外学术界中人慰问

承各界人士慰问感激万分，特于二月一日遍登启事于上海各报表示谢意，并称：

> 敝馆三十余年来致力我国文化事业之基础尽付一炬。物质上精神上之损失均极重大。(《时事新报》《申报》等二月一日)

外国舆论　同时，中外舆论对于本馆被毁亦备致惋惜之意。《大陆报》既于一月三十日新闻中称：

> 该馆创于一八九六年*为中国领袖出版家，并为远东最大出版家之一。中国全国学校用品之由该馆供给者达百分七十五之多。今被炸毁实中国教育文化上之一大打击也。

复于同日社论中谓：

---

*　有误，应为一八九七年。——整理者注

商务印书馆为中国文化中心机关,竟为日本飞机掷弹炸毁。此种重大损失实足使中国新文化运动后退十年也。

《申报》于一月三十日谓: 本国舆论

商务印书馆为我国唯一文化机关,总厂占地八十余亩。今亦为国难而牺牲矣,惜哉!

《时事新报》于二月二日社评中称:

商务印书馆既化为灰烬,而个中消息复以尽毁银行与报馆为快。盖全国之文化金融舆论所寄也。此其用心,攘夺东省之不足,欲陷我于至愚至穷之境,万劫不复之地而后已。

《大公报》再三著论,谓:

> 日本飞机低徊空际,掷弹放火,累及非战斗员之一般民众。甚至中国民间最大文化出版机关,远东珍籍荟萃之商务印书馆亦受炸弹之厄,损失达千万元之巨。此从人道的见地上言之,亦不能不唤起世界注意,共同抗议。(《大公报》一月三十日)

又谓:

> 商务印书馆为纯粹文化事业,私人财产。乃日本陆战队竟悍然轰击起火,使损失数百万。此种惨酷灭绝人道之手段,纵在正式交战国之间亦极罕见。今乃于其最后通牒获满意承认之后而行之。此当然非为反对排货也,乃制造排货也。(《大公报》一月三十一日)

最后复致其痛惜之词曰:

损失之重，至可痛心。(《大公报》二月十二日)

不意该馆总厂及尚公小学被毁后之第四日复有东方图书馆及编译所被焚之一事。

（四）东方图书馆概况

当本馆于前清光绪三十年购地于上海闸北宝山路建筑新厂落成之日，本馆编译所所长张元济即着手筹设图书馆，搜罗会稽徐氏、长洲蒋氏、太仓顾氏诸家散出藏书，以供编译参考之用，此即名著中外之涵芬楼之滥觞。未几，清宗室盛氏、丰顺丁氏、江阴缪氏诸家藏书散出，张氏又各购得数十百种。图书馆规模至是略具。此后二十余年间搜求未辍。张氏每至北平必捆载而归。估人持书叩门求售，苟未有者辄留之。即方志一门已得二千余种。日本欧美

涵芬楼起源

名家撰述，暨岁出新书，积年藏弆，数亦非鲜。

（张元济：《东方图书馆概况·缘起》）

东方图书馆创设　　本馆鉴于国内文化进步之迟滞，世界潮流之日新，认为有设立公开图书馆之必要；又以本馆旧设涵芬楼经张氏二十年来肆志搜罗，储书达数十万册，规模已具；乃于民国十三年出其历年所积之余利十一万余两在总厂对面宝山路西特建五层钢骨水泥大厦一座，移涵芬楼旧藏图书实之，名曰东方图书馆，同时并聘王云五为馆长，总理馆务。此为东方图书馆由涵芬楼蜕化而出之情形也。

至于本馆设立公开图书馆目的，张氏在《缘起》中述之甚详，其言曰：

创设目的　　今海内学者方倡多设图书馆补助教育之说。沪上为通商巨邑，天下行旅皆出其涂。黉舍林立，四方学子负笈而至者无虑千万，其有需于图书馆者甚亟。是虽权舆，未始不可为土壤细流之助。

东方图书馆屋凡五层：最上层为杂志、报章保存室及本版图书保存室。四层为普通书库，占地四千六百方尺，置书架五十六排，共三百七十余架，统长一万四千八百余尺，可容书四十余万册。四层一部分及三层为善本室，内藏涵芬楼善本书及全国方志。二层为阅览室、杂志陈列室及事务室等。下层为流通部、藏书室及事务室。馆南空场为花圃，其南建西式平房五间为附设儿童图书馆所在地。

据本馆统计，至民国二十年终止，实藏普通中文书二十六万八千余册。外国文书东西文合计八万余册，凡古今中外各科学术上必需参考书籍无不大致粗备。图表照片五千余种，内有罗马教皇凡的康宫*所藏明末唐王之太后、王后、王太子及其司礼监、太监皈依天主教上教皇书之影片，系张氏游罗马时

内容设备

普通图书

---

* 今译梵蒂冈。——整理者注

携归；又中国古画十余轴，亦张氏购入以供编辑考订古代制度俗尚之用；此外如德英美诸国所出地质地图、人体解剖图、西洋历史地图，以及本馆出版各种古画、油画及照片之原底，尤为不可胜数。

善本书　　本馆所藏善本书可分旧四部各书，方志及中外杂志、报章三大类，尤足珍贵。先就旧四部各书言，计有：

经部	354种	2973册
史部	1117种	11820册
子部	1000种	9555册
集部	1274种	10735册

以上各书就版本言有如下表：

宋版	129种	2514册
元版	179种	3124册
明版	1449种	15833册

清版	138种	3037册
抄本	1460种	7712册
批校本	288种	2126册
稿本	71种	354册
杂本	31种	383册

以上四部各版本书合计总数得3745种，都35083册。其中有五千余册向寄存金城银行库中。此外本馆并购进扬州何氏藏书约共四万余册，部别版本正在整理中。

本馆善本室中除藏有上述涵芬楼旧四部各书外，并藏有全国各省府厅州县志整套，较国内任何图书馆所藏为备。兹为备学人参考起见，特据本馆纪录详列如后：

直隶省	230种	1798册
盛京	27种	160册
吉林省	3种	58册
黑龙江省	3种	16册

山东省	194种	1597册
江南省	160种	1268册
山西省	192种	1408册
河南省	172种	2084册
安徽省	115种	1421册
江西省	221种	2622册
福建省	95种	1198册
浙江省	188种	2466册
湖北省	122种	1468册
湖南省	119种	1524册
陕西省	133种	776册
甘肃省	77种	451册
新疆省	1种	30册
四川省	222种	1754册
广东省	159种	1481册
广西省	67种	576册
云南省	91种	1010册
贵州省	50种	516册

以上凡22省得方志2641种，25682册；中有元本2种，明本139种。此中除省志齐全外，全国府厅州县志应有2081种，本馆已收1753种，实已达全部84%。搜罗赅备，蔚成巨观，国内殆无伦匹。

此外本馆并藏有公元十五世纪前所印西洋古籍（Incunabula）多卷，为馆长王云五游历欧美时购归，可称珍品。西洋古籍

至本馆所藏中外杂志、报章亦极完备。例如荷兰出版之《通报》(*Tung Pao*)，英国亚洲文会所出版之《学报》(*Journal of the North China Branch of Royal Asiatic Society*)，德国出版之《大亚洲》(*Asia Major*)及《中国》(*Sinica*)等杂志，皆为研究吾国国故者必读之书，无不备有全份。此外又有福州及上海出版之《教务杂志》(*Chinese Recorder*)及公元一八三二年至一八五一年间香港出版久已绝版之《中国汇报》(*Chinese Repository*)、《哲学评论》(*Philosophical Review*)、《爱丁堡评 中外杂志、报章

论》(*Edinburg Review*)等杂志全份，尤为难得珍本。本馆所藏各种科学杂志甚多，而以出版已达一百余年之德国《李比希化学杂志》(*Liebig's Armclender Chemie und Pharmacie*)初版全套，殆为远东唯一孤本，最为名贵。

至于本国出版之日报，如上海之《时报》《神州日报》《民国日报》，天津之《大公报》《益世报》，以及清末光宣之际与《京报》并行之《谕摺汇存》，均藏有全份。上海之《申报》《新闻报》，该馆所藏亦均各达三十余年以上。本国杂志之备有全份者为著名之《外交报》《新民丛报》及《国闻周报》，以及二十九年来本馆自出之《东方杂志》及其他杂志。搜集保存均非易事。

藏书统计　　以上普通善本各书除图表照片外，总数已达463083册之多。就吾人所知，吾国各公众图书馆藏书之富，在当时殆以东方图书馆为首，国人推为我国东南图书馆巨擘（《新闻报》二月三日），实非过誉。

东方图书馆图书布置既已就绪，为便利阅览人起见，特采该馆馆长王云五所定之图书分类法及其所发明之四角号码检字法将所有藏书制成目录卡片四十余万张以便检查。民国十五年正式公开阅览。各界人士赴该馆阅览者，据民国十九年统计，一年中已达三万六千余人。民国十八年，该馆更添设儿童图书馆，民国二十年复设流通部，以达服务社会初旨。(庄俞：《三十五年来之商务印书馆》)

公开阅览

至于本馆之编译所原设宝山路东总厂中，民国十六年后移设东方图书馆后部余屋。所中除分设各科编译小组外，附设杂志社十处，及函授学社五科。(庄俞：《三十五年来之商务印书馆》)

编译所内容

（五）东方图书馆被焚

当本馆总厂被毁之日，东方图书馆及编译所即已有人传言因火焰冲过马路，亦遭殃及。(《申报》一月三十日)故当时上海市长吴铁城谈话中有"古籍孤本尽付一炬"之语。(《申报》一月三十日电)迨二月一日晨八时许,东方图书馆及编译所又复起火。顿时火势燎原,纸灰飞扬。(《时事新报》二月二日)烟火冲天,遥望可见。(《大美晚报》二月二日)直至傍晚,此巍峨璀璨之五层大厦方焚毁一空。(《新闻报》二月三日)当时传者莫不谓日本浪人以本馆被毁犹以为未足,特再潜入东方图书馆纵火焚烧云。(《大公报》二月二日;《新闻报》二月三日)东方图书馆三十年来继续搜罗所得之巨量中外图书,极大部分之旧四部各善本书,积累多年之全部中外杂志、报章,全套各省府厅州县志,以及编译所所藏各项参考书籍及文稿,至是尽化为劫灰。当时人以为此项损失至少当在百万金以上(《新闻报》二月三日),实非臆测之词。

遗址凭吊　　《时报》记者于二月初旬赴闸北视察时,见壮丽巍峨之商务印书馆及东方图书馆已成瓦砾之场,"举目北望,黯然心伤"。(《时报》二月六日)《大美晚报》记者亦于同时赴闸北凭吊战区，归记其印象曰：

东方图书馆之骷骨依然耸立于一片焦土中，其熏黑危墙抑若为惨酷破坏行为留一纪念之标帜然。吾人徘徊其间，无数珍贵图书顿时萦回脑际。又谁料其一旦皆成战神之牺牲乎，惜哉！（《大美晚报》二月十二日）

《大陆报》记者于三月初旬赴闸北视察本馆及东方图书馆遗址，亦不胜今昔之感。（《大陆报》三月十一日）同月下旬，国际联合会调查团李顿爵士等前往闸北视察本馆及东方图书馆，登楼凭吊，无不叹惜不置。（《申报》三月二十二日）《字林西报》记者于二月七日访日本海军司令盐泽于出云旗舰中，归语人曰：

此短小人物固最近数日来火烧闸北惊动世界之主动人也。然察其神色，竟似全不知有此事云。（《字林西报》二月八日）

我国军政要人通电

　　东方图书馆既被焚毁,国内外人士益形惊动。中央委员孙科、孔祥熙、吴铁城、程潜、李宗仁、顾孟馀、薛笃弼、刘芦隐、方振武、何世桢、马超俊、邓家彦、褚民谊、李文范、傅汝霖、甘乃光、梁寒操、陈庆云、陈友仁、张发奎、张知本、杨虎、王正廷、贺耀祖、范予遂、孙镜亚、熊克武、唐生智、杨庶堪、陈嘉祐、张静江、黄季陆、桂崇基、张群、经亨颐等于二月四日通电全国,谓日本对我国"交通文化教育机关,辄付一炬",既激同胞公愤,且失世界同情,应即一致奋起,共救危亡。(《时事新报》二月五日)第十九路军军长蔡廷锴向兵士训话时亦谓日人焚毁我文化机关,凡我军人均宜英勇前进,打倒压迫欺侮我国之敌人。(《新闻报》二月十三日)

国内文化团体及政治机关通电

　　同时南京重要文化团体及教育机关如中央研究院、中央大学、中央政治学校、金陵大学、世界学会、中国科学社、中国工程师学会、合作学社、金陵女子文理学院、首都新闻记者联合会、江宁律师公会等于二月四日以日本焚毁我文化机关惨无人道,特电世界各国民众宣布日本暴行,并请主持公道,予以制止。(《大公报》二月九日)国民政府行政院院长汪精卫于二月二十日通电全国,谓日军击毁吾国文化教育机关,杀戮吾国无辜民众及妇孺,望举国一致以最大决心为长期奋斗。(《时事新报》号外二月二十二日)上海律师公会于二月二十五日通电国际联合会、各国国会及律师,称日人贼虐妇孺,残杀市民,夷灭实业文化机关,实足贼文明而羞人类。用特大声疾呼,广求大地同情。(《申报》二月二十六日)北平学术界中人胡适、蒋梦麟、丁文江、翁文灏、傅斯年、梅贻琦、袁同礼、陶孟和、陈衡哲、任鸿隽诸人电谢美国哈佛大学校长罗威尔向胡佛总统建议对日经济制裁时,亦谓日人炸毁中国民居及文化机关,损失极巨。希望参加各公约签字国家采取有效行动,以维世界和平。(《大公报》二月二十七日)

上海英美籍基督教传教士一百零五人于二月

上海英美教士宣言	十二日发表联名签字宣言，认日军以飞机炸弹大炮之助，进占中国领土，破坏繁盛市区，为穷兵黩武之疯狂。并谓：

全中国教育界所托命之商务印书馆及其藏有多量无价典籍之图书馆均先后被日人炸毁。

上海学术界通电	应请普世同道及全世界人民群起敦促政府制止日人暴行。（原文见二月二十一日《字林西报》与同日《新闻报》等载，所译文略有不符，兹依原文直译。）

上海各大学联合会主席于二月初旬致电国际联合会及世界各国教育部，告以：

日本人自一月二十八夜以来，继续用飞机轰炸华界无辜民众；焚毁商务印书馆、东方图书馆、粤商医院及其他教堂、学校；捕禁牧师、教士、学生。持志学院

校役全被杀戮，校舍全被焚毁。特以公平人道名义，请求力制日人暴行。(《字林西报》二月八日)

上海中国著作者会于二月下旬致书全世界著作者及文化团体，宣布日本种种暴行，并谓：

商务印书馆为中国最大出版机关，东方图书馆为上海华人所设最大图书馆，均遭日人炮毁，仅存瓦砾。

特要求全世界著作者、思想家、文学家及一切文化团体一致兴起，共同奋斗。(《时事新报》三月三日) 此外，如比利时前首相樊迪文对于日人毁坏上海各大学及东方图书馆亦深致痛惜。(《时事新报》三月九日)

国民政府教育部自得本馆及东方图书馆等被毁消息后，先于二月十一日由次长代理部务

教育部及部长慰问

段锡朋专电慰问,中有"沪上日人暴行,商务印书馆暨东方图书馆同罹浩劫。我国文化机关横遭摧毁,闻讯之下,惋惜弥深"之语。(《大公报》二月十二日)部长朱家骅复于二月二十日就职时再电本馆慰问,谓:

> 日寇侵占我土地,惨杀我同胞,并摧残我文化机关,至令该馆亦罹兵祸。闻讯之余,痛愤交并。(《时事新报》二月二十二日)

中华基督徒救国会等宣言

三月十四日,国际联合会调查团李顿爵士等抵沪之日,中华基督徒救国会发表宣言,谓:

> 日本暴军所至,无恶不为。顿使文化中心悉被炸毁,商店民居尽成灰烬,无辜民众辱遭惨杀。同道蒙难,事实俱在。

尚望海内信徒，国外同道，团结一致，奋勇直前，扫除强暴，促进和平。(《时事新报》三月十五日)上海图书馆专家五十余人亦于同时函致该调查团，略谓：中国自受日军蹂躏以来，东三省及上海附近生命财产损失甚巨，而尤以商务印书馆附设东方图书馆等之破坏为甚。珍籍孤本皆成劫灰。此不仅主有者与中国之损失，盖亦全世界之损失也。日本人应独负责任。希望报告国际联合会采取有效方法，制止日人暴行。(《字林西报》三月十七日)

上海市长吴铁城对于本馆及东方图书馆被毁迭次发表谈话与通电表示痛惜，前已述及。迨三月十五日晚宴国际联合会调查团时，复于欢迎词中作下述之语：

日本对我并未宣战，然闸北江湾一带千万间之厦屋皆已夷为平地。文化机关如商务印书馆、东方图书馆及多数大学皆被日军率意视为飞机野炮及纵火之目标。世人所认为文化基础之原则破坏无余，而日本自己所签订之条约亦

撕毁已尽。(《申报》三月十六日)

外国舆论　　同时中外舆论对于东方图书馆被焚又一再致其惋惜愤慨之意。《大陆报》既于二月四日称：

> 商务印书馆及东方图书馆之被毁，盖一种非金钱所可胜计之文化的损失也。

复于三月十四日国际联合会调查团抵沪之日著一《中日关系》社论，谓：

> 日军侵犯闸北，最先即由破坏中国文化中心之商务印书馆入手。蛮横无理，举世皆知。

《大美晚报》既于二月二日称：

> 东方图书馆为中国最大最备之图书

馆。内藏旧籍孤本价值甚巨，故其损失非金钱可计。论者多谓此馆之毁，非金钱上损失，乃文化上损失也。

复于次日著论以悼之，其言曰：

> 东方图书馆被毁损失虽专家亦不能计算之，盖非金钱数目所能计算也。一言以蔽之，即世界文化上财富从此亡其不可复得之重要部分而已。
>
> 该馆被毁有谓原于日本"浪人"之纵火，有谓原于总厂余烬之延烧。
>
> 无论如何，此种忍心破坏责任应由日本负之，殆无疑义。盖此种行为实为豪夺他人权利财产之全部妄动之一部分也。
>
> 此种宝藏不可复得矣，无辜人民之惨死于野蛮飞机掷弹者不可复生矣。然至少世界人士当可恍然于日本自负为中国监护人者，其实际何若。

《华北明星》之评论亦颇愤慨，其言曰：

> 吾人试观日人用最新式武器所成就者究有几何？
>
> 炸毁商务印书馆及其价值千百万元之图书馆，自以为从此可以永远断绝中国学生之爱国行为及中国国民之反日运动。
>
> 不意自夸为世界列强之一、国际联合会会员之一、世界文明国家之一之日本竟如此作战也！（《大公报》二月二十四日）

中国舆论　《大公报》于二月二日认焚毁东方图书馆者为"文化之大敌"。《申报》亦于二月六日认本馆及东方图书馆之被毁为摧残文化之行为。（《申报·军事画刊》）《新闻报》既于二月三日谓：

> 我国唯一文化机关商务印书馆已不幸焚毁于暴日炸弹之下矣，差幸东方图书馆

尚未波及。不料昨日该馆又被日浪人纵火焚毁。此诚我东方文化之浩劫矣!

复于二月二十一日著论驳日本代表在日内瓦之妄言时,谓:

日军之保侨者以大炮炸弹轰击闸北居民,且纵火焚毁商务印书馆及东方图书馆等处,使繁盛之区化为焦土。岂此等建筑物之毁坏,日本利益即可得保障乎?

《时事新报》既于二月二日称:

该馆收藏宏富,为我国唯一完善之图书馆。今兹遭劫,至足痛惜。

复于三月十六日著论请国联调查团鉴赏野蛮之奇迹,谓:

上海战事之壮烈乃任何两文明国军队交战时当然之现象。而附带之野蛮残酷则为我国与诸友邦所不能想象。繁盛市廛付之一炬，姑不置论。当交战之初，商务印书馆先为炮火之目标。其后东方图书馆、国立劳动大学、国立同济大学、国立暨南大学、国立中央大学商学院、省立水产学校、私立中国公学、私立持志大学、私立法学院以及若干中小学若干医院，相继轰毁。察当时军事情形，绝无破坏此种建筑之必要。且大都破坏之于战事不甚紧张之时日，利用偶然之余闲，不自爱惜其战时最可珍贵之弹药，悍然摧毁之唯恐不尽者，其处心积虑，可供调查团诸君暨全世界人士深长思者也。

调查团诸君其亲履其地，试鉴赏此野蛮之奇迹乎？残垣断壁，瓦砾遍地。若者乃我国唯一之出版事业，全国学校之教科书所由取给者也。若者乃我国收藏最富善本最多之私立而公开之图书馆，其图书五十余万册之灰烬也。若者乃平时我国万余青年学子埋头苦读之所，今则为图书仪器葬身之所也。

（六）日本人辩护

本馆总厂及东方图书馆等之被毁，既引起世界人士之注意，日本报纸先于该馆总厂被毁后即盛宣本馆藏有中国便衣兵士。当经本馆负责者加以否认，谓： 日本私人辩护（一）

> 敝馆在战事发生前并无一兵一卒在内，出事后据敝馆看门人报告，亦无兵士入内。前项日方所传新闻，显有卸责作用。（《大陆报》《申报》二月一日）

嗣某外人谓日本人炸毁本馆实系报复手段，盖本馆尝有翻印西书，煽动反日之行为也。（《密勒氏评论报》二月六日）本馆总经理王云五复去函声明，略谓： 日本私人辩护（二）

中国尚未加入国际版权同盟，为贡献我国新教育计，本享有翻印外籍之条约权利。至本馆编译方针向主真实。因真实而开罪他人在所不免。然若认求真为"煽动"，则纯属误会矣。(《密勒氏评论报》二月十三日)

日本私人辩护（三）　　嗣日人忽又否认东方图书馆为日人所烧，至于本馆总厂则因藏有便衣兵士武器及反日文件，且为我国反日运动中心机关，故不得不予炸毁。(《大美晚报》二月十七日)复经本馆旧同人去函辩证，认为强词夺理。(《大美晚报》二月十九日)

日本私人辩护（四）　　不久，日人忽又谓本馆之被毁，并非日本人报复行为，乃战争时不可避免之一种惨事。(《大美晚报》二月廿六日)

日人正式辩护（一）　　最后，当日本基督教传教士八人赴上海视察并询问上海日侨为何日军必毁本馆及其他文化机关时，上海日本侨民联合会会长河端答云：

> 商务印书馆不但为排日宣传之中心，且当冲突时，为闸北中国军队主要防御地。轰击日军而落入公共租界内之炮弹即大都由此方面发出。故商务印书馆之被毁，在文化上固甚觉可惜，而在战略上观之，则在当时固绝对必要者也。（《大陆报》及《大美晚报》三月十八日）

而同日，日本军事当局则又谓： 日人正式辩护（二）

> 日本军队对于商务印书馆、东方图书馆及江湾劳动大学之轰炸，绝不踌躇，因其皆为军事上之要塞，布有沙袋与炮垒故也。（《上海泰晤士报》三月十九日及《申报》三月十九日）

而不提及本馆为排日宣传中心之一层。

《大美晚报》之评论

同日,《大美晚报》即著一社论题曰《自卫之定义》,评论日人此种辩护之不合论理,其言曰:

> 日本基督教传教士来华,其第一对于留沪日侨问题即日本军队何以必炸毁商务印书馆及其他文化机关?
>
> 答谓:"商务印书馆不但为排日宣传之中心,且当冲突之时为闸北中国军队防御地。轰击日军而落入共公租界内之炮弹即大都由此方面发出。"
>
> 此部分日本军事行动自始即以自卫为理由。
>
> 是则印刷工厂既信为排日宣传中心,加以炸毁,为"自卫"起见,当然有充分理由。
>
> 日本人又谓:"中国自国民党兴起以后,所谓教育已失本意而成政治宣传机关。就中如江湾劳动大学,凡所作为无非

使学生成侵略之军队以反抗当局所欲反抗之人。"

诚如是言,所谓"自卫"不特可为炸毁认为含有宣传性质之工厂之理由,且可为破坏将来兵士集合之机关之理由。吾人不解日本人何以不再为自卫起见更进一步并各小学而炸毁之。盖如此则他日政府所可用为军队之民众将一扫而空,无复遗患矣,此亦完全自卫之行为也。

....

其实双方之任何一方而认复仇或惩罚之非法行为为自卫或爱国之行为,乃一种颠倒黑白之举动,其为不名誉,普天下皆同。

同日,著名评论家吴德海(H.G.W.Woodhead)亦在《大美晚报》著一评论,题曰《痛苦之宣传》,其言曰:

吴德海之评论

日本人诚无愧为世界上最劣之宣传家。余不知每日供给本地各报消息之新闻联合社究为官场或半官场之机关。然其对于时事之报告或评论实表示其独有之愚妄。此于余昨日所得第一六六号之报告益足为有力之证明。

余所得三纸油印之报告全属记录所谓"传教士与主要日本人之谈话"。据云本月十七日下午四时，传教士八人——三日本人，五外国人——往日本俱乐部访问，由日本侨民联合会会长及其他日本要人接见。

来客首问："日军为何破坏商务印书馆及其他文化机关？"

其答语——如果报告无误——着实可惊。据云诸客最先所得之答话为："商务印书馆不但为排日宣传之中心，且当冲突时为闸北中国军队主要防御地。轰击日军而落入公共租界内之炮弹即大都由此方面发出。"

假使日本人在闸北之军事行动果有相当

理由，假使商务印书馆厂屋果为军事上所需用（如架设炮队或机关枪），则报以炮火或飞机掷弹自有充分理由。然在战事发生以前此种厂屋之使用，无论如何，决不能作为日本海军当局考虑之理由。

就余个人所知，商务印书馆确曾出版一部分学校课本含有排外宣传。上海《日日新闻》及其他日本报纸在本年一月廿八日前亦或有多量反对中国之言论。然除非其办公处确为军事上所利用，则余意无论居住上海之任何外人对于中国军事行动之破坏决不能认为有充分之理由。

日本海军司令盐泽在商务印书馆被毁之次日，发表宣言，归罪该馆与湖州会馆为中国军队之根据。此种宣言至少为一种简单明了之声明。然谓商务印书馆在战前为排日宣传中心，则不特徒乱人意，且该馆被毁在军事上是否必要，抑或报复该馆之过去活动，亦且大成问题。如果日本人以后者辩护其破坏中国最大之印刷工厂，则无论传教士或其他团体能表同情必甚少也。

....

余实不信此种给予传教士之说明反照日本官场之意见。然余确信其足以反照日人团体之智慧。此种说明如果视为非官场日本人考虑后之意见，则为害实大。

此类宣传如果继续不已，则负责之日本人必有大呼"从吾人自身宣传中救出吾人"之一日。日本人在本地种种行为颇有非徒持军事理由所可辩护者。如果依日本发言人所承认，种种行为多原于报复而非军事上所必要，则认为有相当理由，殆不可能也。

<small>商务当局辩正</small>

次日本馆亦正式声明，略谓：

本年二月六日《密勒氏评论周报》亦曾有人于沪变论文中指本馆出版各教科书有提

倡排日之意味。本馆以此种评论易滋误会，乃致函该报声明：本馆教科书采用外交史材料意在供给事实。中国国际事实有历史价值者颇多。本馆编译方针向主真实。有时因真实之故开罪他人，在所不免。然若认求真为"煽动"，则纯属误会矣云云。此函曾载二月十三日《密勒氏评论周报》，可见外国舆论界对于此点亦能谅解。

至谓本馆为中国军队用作主要防御地，亦属因果倒置。在日军飞机掷弹轰炸之前，本馆总厂及各附属机关中绝无军队或便衣兵士踪迹。战起翌晨，日机即绕厂低飞，频频掷弹。驻厂看守之人非但无法灌救，且亦不敢逗留。但在离厂之前金谓中国兵士绝未入内。

至于既毁之后，中日两军屡进屡退，各据以为壁垒，当亦事属可能。设非日军有意摧残此文化机关，则本馆在闸北之各项建筑及设备价值千余万，又何至毁灭无余，悉成焦土。（《时事新报》三月二十日及同日《大陆报》）

《密勒氏评论报》之评论

最后《密勒氏评论报》亦著一长篇评论以驳日人种种辩护之失据。评论中先叙上海日本侨民联合会会长所举之各种辩护理由,次叙日本军事当局所发表之声明,最后乃加以驳正,略谓:

商务印书馆当局对于日本人之辩护曾于三月二十日之《大陆报》上发表声明加以驳正,否认所出课本有煽动青年排日之嫌,并否认总厂房屋曾被华军用作要寨。

就本报所知,当沪变期间,凡沿租界边疆十余处以观察闸北战事之各中立国军事观察者均能出而证明该馆厂屋并未被华军用为堡垒。该馆厂屋深处华军防线之内,且于战事初起之第一日即被炸毁。后来华军被迫后退时,确曾用该馆颓垣为战壕,然战事初起时该馆厂屋并未被用,则确系显然之事实。

日人之破坏该馆实另有其目的焉，盖该馆在最近三十年来，在中国民族觉醒上实占一枢纽之地位也。然该馆即使因与教育部及其他教育机关接近之故，出版课本以灌输爱国情感于中国少年之脑中，岂即此一事果足为日人破坏该馆之充分理由？吾人于此只得让国联调查团解答此问题。

总之，吾人以为中国及其人民因日本自去岁九月十八日侵略满洲以来在中国领土中种种非法军事行动而所受之损失，皆应用国际之行动以强迫日本之赔偿也。

（三月廿六日）

（七）赔偿损失要求

本馆总厂及编译所、东方图书馆、尚公小学等既被日机抛弹纵火全部焚毁，损失重大。当即于二月中旬备文分呈中央党部、国民政府行政院、实业部、外交部、教育部、上海市党

本馆要求赔偿

部、市政府及市社会局，并函致上海市商会及书业同业公会，请求迅向日本提出严重抗议，并声明保留赔偿损失要求。（《申报》一月十六日）

上海市商会呈文

上海市商会亦呈请国民政府行政院向日本交涉负责赔偿。呈文略谓：

> 查国际战争凡敌方学术文化机关按照国际法规有不得任令军士轰击破坏之义务。此次日军在闸北横启衅端，以我尽力抵御，未得逞志，遂悍然不顾，将我国商务印书馆及其他著名学校肆意轰击，尽付劫灰，冀以泄愤。此种蔑视战争法规之蛮行自应严与交涉，令其负赔偿责任以资警惕。无论将来沪战是否以调解而结局，而令日方赔偿损失一层务必列入将来停战条件之内。否则宁长期对抗而后已。（《新闻报》二月十七日）

书业公会呈文

上海市书业同业公会亦有同样呈请，略称：

该书馆为我国最大文化事业，出版图书不下万种。东方图书馆尤为上海唯一伟大之图书馆，收藏古籍，蔚为大观。日本有意摧残，违背公法，不先警告遽以飞机施放硫磺炸弹，付之一炬。有形损失数逾千万，无形损失难以数计。（《申报》二月廿二日）

上海市社会局接到本馆呈报后，即于二月十七日批示谓： _{我国政府表示}

该公司积年规画，惨淡经营，关系国家文化至深且巨。此次惨遭敌机掷弹，总厂全部被毁，财力损失殆尽。国难同遭，殊堪痛惜。一俟时局稍定，仍仰妥筹善后，设法恢复。（见本馆档案）

教育部亦于二月二十三日批示谓：

该公司倡导文化，成绩优良。经三十余年之苦心经营，设备亦甚完善。此次日人肆其暴行，竟将该公司总厂及编译所、东方图书馆、尚公小学等掷弹纵火，焚毁一空，至可愤慨。该公司历年致力文化之基础，因此全付一炬，尤堪惋惜。

认本馆呈称各节系属正当请求。（同上）中国国民党中央执行委员会据呈后并于三月六日由洛阳新都特电本馆慰问，并谓：

此次暴日侵沪，利用飞机大肆轰炸，竟使该馆三十年来所经营之文化事业，悉成灰烬，殊堪痛惜。将来恢复旧业时，本会愿予以一切援助以促其成也。（同上）

（八）损失情形及数目

本馆总厂、编译所、东方图书馆、尚公小学等既于一月廿九日及二月一日先后被毁，当时因地当火线，无法查勘。直至三月上旬方有经手装置本馆机器之西商前往视察，据其报告所云：本馆总厂中第一、第二两印刷所为两层楼长屋两大排，中有机器数百架，为本馆主要印刷部分，均与房屋同归于尽。第三印刷所为三层大厦，系墨色石印部分，英文排版部亦在其中，均焚毁无余。第四印刷所为四层大厦，二、三两层置彩印精印机器数十架。上层为全公司总务处所在地，下层为营业部所在地，均付一炬。其他如标本模型制造部、制油墨部，以及三层大厦置有装切机器数十架之装切部等亦无不全毁。

又书籍及纸张等栈房之大厦及所存书籍纸张均焚毁一空，纸灰深可没膝。仪器、文具等

损失情形

栈房亦如之。藏版部系三层巨厦，被焚后所藏铜、锌、铅等版均熔成流质，溢出墙外，凝成片块。他如储电房、自来水塔、木工部、出版科、寄售股等房屋无不烧成瓦砾之场。其残留者仅机器修理部、烧版部及疗病房数处而已。

至于总厂以外之东方图书馆、编译所及其附设之各杂志社、函授学社、尚公小学，以及厂外书栈房等，均仅余断壁颓垣与纸灰瓦砾云云。(《时事新闻报》三月九日)

<u>损失数目</u>　　嗣经本馆当局详加查勘之后，当即于三月中旬依据实在情形，将全部损失数目造具清册呈报政府，兹将本馆所报数目列左[*]：

一、总厂

（甲）房屋

子、总务处 170280 元

丑、印刷所

1. 印刷部 378031 元

---

[*] 原文为竖排，故为列"左"，下同。——整理者注

2. 栈房 139234 元

3. 木匠房等 5796 元

4. 储电室 21953 元

5. 自来水塔 11429 元

寅、家庆里住宅 7200 元

（乙）机器工具（包有滚筒机、米利机、胶版机、铝版机、大号自动装订机、自动切书机、世界大号照相机等）2873710 元

（丙）图版 1015242 元

（丁）存货

子、书籍

1. 本版书 4982965 元

2. 原版西书 818197 元

丑、仪器、文具 771579 元

寅、铅件 19807 元

卯、机件 6207 元

（戊）纸张原料

子、纸张 776100 元

丑、原料 311200 元

（己）未了品 275000 元

（庚）生财修装

　　子、总务处 12523 元

　　丑、印刷所 82105 元

　　寅、研究所 535 元

（辛）寄售书籍 500000 元

（壬）寄存书籍、字画 100000 元

二、编译所

（甲）房屋在东方图书馆下层，已列入东方图书馆损失数内，不另计价。

（乙）图书

　　子、中文 2500 部 3500 元

　　丑、外国文 5250 册 52500 元

　　寅、图表 17500 元

　　卯、目录卡片 4000 元

（丙）稿件

　　子、书稿 415742 元

　　丑、字典单页 1000000 张 200000 元

寅、图稿 10000 元

（丁）生财装修 24850 元

三、东方图书馆

（甲）房屋 96000 元

（乙）书籍

子、普通书

1. 中文 268000 册 154000 元

2. 外国文 80000 册 640000 元

3. 图表、照片 5000 册 50000 元

丑、善本书

1. 经部 274 种 2364 册
2. 史部 996 种 10201 册
3. 子部 876 种 8438 册
4. 集部 1057 种 8710 册
5. 购进何氏善本约 40000 册

} 1000000 元

6. 方志 2641 部 25682 册

100000 元

7. 中外杂志、报章 40000 册

200000 元

寅、目录卡片 400000 张 8000 元

（丙）生财装修 28210 元

四、尚公小学

（甲）校舍

子、小学部 19109 元

丑、幼稚园部 10000 元

（乙）图书、仪器及教具 12000 元

（丙）生财装修 6000 元

以上共计 16330504 元（《申报》三月十三日）

附录　善后纪要

本馆之停业　　本馆总务处、印刷所、编译所及东方图书馆、尚公小学等既于本年一月二十九日及二月一日先后被日军用飞机掷弹炸毁，资产损失殆尽，财力既无法维持，职工亦无从工作，本馆董事会特于二月四日开紧急会议，经长时间之

讨论，不得已议决将上海总馆全部停业，所有同人全体停职，总经理、经理辞职亦经照准，各分馆、分局暂行维持现状。

总馆停业之后，正当战事方殷之际，一面对于闸北之残余资产急宜妥筹安全之保管，一面对于各项账目及进货又急宜妥筹清理之方法，一面对于数千失业之同人更急宜妥筹适当之处置。头绪纷繁，笔难尽述。董事会为便于办理善后事宜起见，特于议决总馆停业后，复议决设立董事会特别委员会。当推董事张菊生等九人为委员，并于委员中推定王云五等四人为常务委员，于二月八日正式通告成立。

董事会特别委员会既于二月八日正式成立，当于同日议决组织本公司善后办事处，委托王云五等四常务委员主持之而以王云五为主任，并暂留旧同人若干留处办事，至召集股东会后为止。所有善后办事处人员自王云五以下概行停给薪水，酌给津贴，以节开支。同时董事会并将本馆停业，及组织善后办事处情形登

董事会特别委员会之成立

善后办事处之成立

报通告本公司股东以资接洽。

善后办事处之工作　善后办事处既已成立，当由常务委员等分配职务，督率进行。计应行处理及清理事项有如左列：

（1）人事；（2）账款；（3）出纳；（4）存款；（5）存货；（6）进货；（7）分馆；（8）稿版；（9）契约；（10）文书；（11）股务；（12）保管；（13）保险；（14）印件；（15）总厂清理；（16）发行所清理；（17）图书馆清理；（18）宣传；（19）交际；（20）搬运；（21）结彩；（22）计划。

以上各项事务均由常务委员决定方针后指定人员负责执行之。善后办事处规定每日工作八小时，有时虽遇星期亦不休沐，尤可见工作紧张之一斑。嗣为稽核各种账目款项起见，特添设稽核处，又因闸北残余机器纸张等均于枪林弹雨之中，陆续冒险设法搬入安全地带之栈房中，则又添设栈务处。凡此种种设施皆足征本馆善后头绪之纷繁。

本馆善后工作之头绪纷繁，在上列各项事务分配中已可见其一斑，而实际办事情形之复杂及困难，尤非一言可尽。兹特略举其较为重要者而稍加叙述焉。（1）为对外事项，（2）为对内事项，（3）为对同人事项。

善后办事处所处理之对外事项以清理债务、催收客账及对外宣传为最重要。关于清理债务部分，先则登报请各客户开具细单，提出证据，查明属实后，由本处向各客户磋商减折清偿。关于催收客账部分，亦登报催请各商店客户即日全数付清。有时双方一再磋商，几至唇焦舌敝。然大体各客户均能相谅，故进行颇称顺利。至对外宣传部分，凡损失情形之呈报，中外报章记载之辩正，各界人士慰问之答谢等，事关公司对外信誉及感情，亦莫不随时加意办理。此外如约人编译及代人印刷之稿件，则登报通告中止进行。承接客户印件，则登报清查，分别报告。寄售图书，预约书籍，函授学社，定购杂志等，均因对外关系，一

善后工作举要

对外事项

面既须登报通知，一面并须函复询问，手续繁重，可想而知。

对内事项　　善后办事处所处理之对内事项，其实际情形之复杂过于对外。试举其要当以紧急搬运与处理分馆二事为最费心力。兹请先述搬运情形。

残余资产
之搬运　　当一月二十八夜战事开端时，本馆总厂中本留有消防队员二十余人藉资防护。不意次日清晨日军即用飞机多架翱翔本馆总厂空际，用炸弹多枚纷纷掷下。制墨部首先中弹着火。消防队当时尚欲分头尽力救护。无如弹下如雨，全厂皆火，救无可救，只得于十时许退出总厂。当时本馆总厂附近已成战场，故本馆虽逐日派人前往闸北冒险视察，然始终无法到达，只得任其焚毁一空。所幸闸北天通庵路之第五厂尚未波及，内存机器及纸张等为数不少，亟应设法迁地保存。当由善后办事处人员王康生等率领工人逐日冒险抢出机器、纸张、书籍等。迨我军退守第二道防线，日军进占闸北时，又复多方设法运出保存。有时每日雇车多至十余辆，小工多至一百余人。停战前既有枪弹之险，停战后又有留难之事。终因办事人之尽职，第五厂及总厂之残余资产幸获保存。此于公司重创之余，实属不无小补者也。

至于分支馆局处理问题，当总厂被毁之后，董事会即通电令其照常营业。迨善后办事处成立，因正在春销期中，接济货物最为重要，乃将虹口、西门两分店与发行所存货汇集整理以资接济。同时并令各分馆间就近互相划拨，以资调剂。因此各分支馆之春销营业遂得勉力维持。此外并将僻远区域营业不振之分支馆七处陆续裁撤，对于存在之各分馆，一面令其裁员减薪力求紧缩，一面并议定营业方针若干条以渡难关。各分馆同人深知总馆处境困难，颇能分头支持危局焉。

分支馆之处理

善后办事处对外对内各方面工作之繁复与困难，已略如上述矣，而对同人事项尤为繁

同人之救济及停职

复，兹请略述其大概。

当本馆总厂被毁之日，公司当局因念同人室家被毁，颠沛流离之状，深为痛心，当即于战事紧张、金融恐慌之际，设法筹款每人发给生活费洋十元以资维持。嗣董事会鉴于总厂被毁，财力既无法维持，职工亦无从工作，不得已开紧急会议议决将总馆停业，所有同人全体停职，前已述及。当时董事会对于停职同人并议定每人于十元外并再另给薪水半个月，俾各同人得以回籍。至于活期存款及特别储蓄之应领部分亦分别筹款发还。

同人继续救济之要求

嗣停职同人于领到上述月薪及维持费后，误认公司不日可以复业，仍逗留上海，由出版业工会整理委员会率领至善后办事处要求继续救济。公司之意以为本馆此次被灾最烈，处境最艰，然对于各同人一再发款救济，致力亦最多，现在实无余力可以救济。当于三月中旬备文呈请上海市社会局赐予劝导，以解纠纷。当经社会局召集调解，终无结果。

当公司宣布同人全体停职之时，因在战事初起，原冀总厂毁损不致过甚，得以早谋恢复。迨三月初旬停战之后，公司当局前往闸北详细查勘，方知总厂及东方图书馆等全成一片瓦砾之场，除一部分水泥空架外，所有房屋机器存货存版多成毁烬，所有铅字铅版，融成流质，凝聚于地下及墙沟中。损失之数估计达一千六百余万元之巨。公司经此巨创，复业实难预期。而停职同人犹误认为不久可以复业，或逗留上海，或回籍再来。在公司则财力丧尽，救济乏术，在同人则空劳往返，徒耗川资。如果长此迁延，势必两受其害。且此次公司损失重大，势难为大规模之恢复，同人数逾三千，将来复业时用人不多，势必争先恐后，滋生纠纷，劳资一有纠纷，则公司复业时欲求股东或其他方面财力之援助，必不可能。是则虽小规模之复业亦将无从实现。如实行解雇，则公司之复业计划或可早日着手进行，即一部分旧同人亦可有重复进用之机会，本馆当局再

同人解雇问题

四筹维，认为解雇一途实为两利之道，乃依据上述理由呈请社会局准予将全体同人解雇，以利进行。

市政府之指令

社会局接到本馆呈文后，复于四月初旬再三召集双方进行调解，终因同人方面无人出席而罢。社会局因迭次调解均无结果，当即据情转呈市政府核示。市政府指令略谓本馆既受损甚巨，非待职工解雇问题解决，不能致力于复业途径，则解雇职工一层自应照准。唯本馆损失重大，若责令按照平时优待办法发给退俸金，办法亦欠允当。至职工一旦解雇，情殊可悯，应令本馆于原允再发半个月之薪水外，酌加补助，以了悬案。解雇职工于本馆复业时并应尽先雇用等语。

社会局指令解雇之办法

社会局奉到市政府指令之后，当于五月七日指令本馆指示解雇职工办法。略谓本馆在战事期间曾发给全体职工每人薪水半个月又维持费十元。现除加发半个月薪水外，应再将总馆职工应得之退俸金基金二十二万八千余元，按照酬恤章程以比例减成分配发给。如每人两项所得总数不满五十元者一律补足五十元，不满二十五元者照前数补足。职工存款及特别储蓄亦应设法尽先发还。职工前借薪资概予免还，以示格外体恤。又本馆复业时旧职工应尽先雇用。

本馆董事会之意，以为公司对于此次解雇职工之种种支出，前后总计达一百五十余万元之巨。其中除特别储蓄、活期储蓄两项计达八十七万余元外，其致送于职工者将达六十七万余元。本公司处此艰危之际，论经济能力，实不能胜此负担。唯念各职工大都寓居闸北，室家亦多被毁，而社会局又谆谆面谕勉为其难，当即议决于万分困难之中，勉遵社会局指令办法办理。当即呈复政府，并于五月九日登报通告各职工，定五月十二日起开始发给各项解雇金。

自本馆通告发给日期后，各同人大都深知公司处境困难，陆续领取。唯本馆职工被难

本馆之遵令办理

解雇纠纷之解决

善后委员会表示不满，迭次登报通告否认，并延聘律师准备诉讼。上海商界领袖多人为息事宁人起见出而调解，并劝本馆酌给津贴二万元以救济路途较远或流离失所及在劳方所办之收容所中者，以资结束。本馆当局因此次同人多居闸北，家室被毁，情殊可悯，且重违诸调人之意，故对此项条件，亦即勉力应允，于六月十七日由公司与职工被难善后委员会代表订立正式和解合同。交涉多时之解雇问题至是乃告结束云。

积极之工作　　以上所述对外对内以及对同人之三大端，大概皆于消极之中，实寓有积极之意。此外并有纯粹属于积极之一事焉，即如何应付秋销营业事也。本馆当局以为本馆总厂虽惨遭炸毁，而关系吾国国运甚巨之教育，认为虽自身处境艰难，亦仍有力谋贡献之义务。故当本馆总厂被毁之后，除办理种种善后事务外，当时即尽力筹画就北平、香港两分厂赶印各级教科用书。两厂规模本不甚大，益以原有图版多不完全，准备手续，实费心力。当时曾拟定细密之计划，其原则以由平、港两局分任印刷中小学用书及重要字典词典为主，所有两处机器均全日夜二十四小时继续工作，并添置必要之机器，使工作继续不断。两局印刷能力因之竟较平日增加多倍。至今小学用书已印出千余万册，中学书百余万册，字典词典数十万册，其他参考用书亦陆续印出数百种。颇足敷本届秋销之急需。至于仪器、文具等亦均有相当之准备矣。

吾人于结束善后纪要以前，犹有不能已于言者。本馆虽系一营业之机关，然因三十六年来对于吾国文化之促进及吾国教育之发展，不无相当之贡献，中外人士遂多视本馆为吾国文化之中心。故此次惨遭炸毁，不特全国人士深表同情，即世界各国亦莫不同声惋惜。电函纷驰，无虑千百，往往于加意慰问之外，并勖以积极奋斗之词。用意甚诚，情弥可感。本馆自维既有三十六年之历史，又承中外人士之热

将来之希望

望，似宜于创巨痛深之下，勉力继续其贡献吾国文化教育之使命，使本馆之历史得以连绵不断，国人之热望得以满副所期，而吾国文化教育事业之进步，本馆可有继续努力供献之光荣。此则不能不期望本馆诸热心文化教育事业之股东加以慎重考虑者矣。

（商务印书馆善后办事处 1932 年 7 月编印）

商务印书馆被毁纪略

何炳松

一

本馆经始于前清光绪二十三年（1897）正月，适当甲午中东战役吾国失败，列强劫盟，清政府变法图强之际。创办人夏瑞芳、鲍咸恩、鲍咸昌诸人集资四千元，在上海江西路赁屋三楹，购置印机数架经营印刷事业，是为本馆创业之始。光绪二十四年迁于北京路，越五年始建印刷所于北福建路，设编译所于唐家巷，设发行所于棋盘街，规模至是粗具。光绪三十年本馆择地上海闸北宝山路东建筑大规模之总厂，占地凡八十余亩，为总务处、印刷所、编译所、尚公小学，以及日后另设之东方图书馆等所在地。复于棋盘街新建发行所。基础至是益固。此后迭图扩充，资本总额逐渐增至五百万元。历任总经理、经理夏瑞芳、鲍咸昌、张元济、王云五、李宣龚、夏鹏诸人先后赴东西各国研究考察以求公司具体之改进。设备日形充实，营业益有发展。

本馆成立迄今已达三十六年。述其贡献之荦荦大者计有四端：即教育教材之供给，中外名著之印行，实际教育文化事业之举办，国货之提倡。是就教材之供给论，清季兴学时则出版最新教科书，民国成立时则出版共和国教科书，国语运动兴起时则出版新法教科书，学制改革时则出版新学制教科书，国民革命告成时则出版新时代教科书，最近国民政府颁布课程标准时则又出版基本教科书。无不适应潮流，风行全国。其他教育用品之由本馆供给者约计全国总数百分之七十五之多。

其次本馆深知出版事业关系我国文化前途甚巨，故确定方针，一方发扬固有文化，一方介绍西洋文化，谋沟通中西以促进整个中国文化之光大。本馆因此有中外名著之系统印行。我国名著之出版者有《四部丛刊》《续古逸丛书》《续藏》《道藏》

《百衲本二十四史》等，无不誉满海内。艺术类名著则有《宋人画册》《石渠宝鉴》《宋拓淳化阁帖》等，亦无不精美绝伦。关于西方学术之介绍者则有"汉译世界名著""现代教育名著"，以及其他各科丛书。最近风行全国之"万有文库"尤为国内唯一之巨制，此外工具用书如《辞源》《学生字典》《教育大辞书》以及人名、地名、动物、植物、矿物、医学等辞书，尤足应付吾国学术界之需要。定期刊物之有裨学术者有《东方杂志》《学生杂志》《教育杂志》《妇女杂志》《儿童世界》《英语周刊》等，读者皆以万计。综计本馆出版物至民国十九年（1930）止，已达八千余种，一万八千余册之多。

此外本馆更出其余力举办实际教育事业以谋贡献于社会。已往者姑不具论，其较著者有由涵芬楼扩充而成之东方图书馆，培植同人子弟及闸北居民子女之尚公小学及幼稚园，以及学生普及全国之函授学社。本馆并亦始终以提倡印刷上国货之使用与制造为宗旨。例如纸料、石版、钢铁之属，无不尽先采用国产。至于铅字、铜模、制版及各种机械、油墨、胶棍等以及教育用品如仪器、模型、标本、文具等，亦无不自能制铸。除自用外，并以廉价供给国人。

至于本馆各种设备向极完善。其印刷机器之应有尽有，在远东尤无其匹。机器重要者有滚筒机、胶版机、米利机、铝版机、大号自动装钉机、自动切书机、世界大号照相机等，总数达一千二百余架之多，世人多称本馆为东方文化之中心机关洵非过誉。

二

民国二十一年一月二十八日晚十一时后，日本陆战队突然侵犯闸北，我十九路军为自卫计起而力抗。日军志不得逞，遂于二十九日晨四时二十分开始用飞机多架由黄浦江中航空母舰上起飞，向闸北空际盘旋示威。至十时许接连向本馆总厂掷下炸弹六枚。第一弹中印刷部，第二弹中栈房，当即爆裂发火。救火车因在战区无法施救，只得任其延烧。火起后日机复继续掷弹，于是全厂皆火。浓烟弥漫天空。又因总厂纸类堆积甚多，延烧更易。厂中各种印刷机器全部烧毁。焚余纸灰飞达十数里外，是日下午三时许全厂尽毁，唯火势至五时许犹未全熄。据日本海军大尉小田所记，是日日本实有水上飞机四架翱翔于闸北天空，皆携有五百基罗格兰姆炸弹多枚云。三月二日我军因战略关系西退守第二道防线，日军随于同日傍晚进占闸北。直至五月二十三日方由我上海撤兵区域接管委员会正式收回云。本馆总厂既被日机掷弹炸毁，在上海力抗日军之第十九路军军长蔡廷锴，上海市长吴铁城，国民政府委员孙科、李宗仁、陈友仁诸人皆通电指责日本炸毁本馆为"掠夺侵凌"，表示痛惜。上海市商会等各团体致电美国大总统胡佛称日本军队猛攻华界，飞机掷弹放火，且将中国文化有关之商务印书馆焚毁，古版图书尽付一炬，请求主持公道，以强力制止日本暴行。蔡元培诸人亦代表中央研究院等电致国际联合会国际文化合作委员会转请国联行政院迅采有效方法，制止此类破坏文化事业及人类进步之残暴行为。同时中外舆论界如《大陆报》《申报》《大公报》《时事新报》等对于本馆被毁亦无不备致惋惜之意。

三

不意本馆总厂被毁后之四日，复有东方图书馆及编译所被焚之事。当本馆于前清光绪三十年购地于上海闸北宝山路建筑新厂落成之日，本馆编译所所长张元济即着手筹设图书馆，搜罗国内诸名家散出藏书，以供编译参考之用，此即名著中外之涵芬楼之滥觞。此后二十余年间蒐求未辍。即方志一门已得二千余种。日本欧美名家撰述，暨岁出新书，积年藏弆，数亦非鲜。本馆鉴于国内文化进步之迟滞，世界潮流之日新，认为有设立公开图书馆之必要，乃于民国十三年拨余利十一万余两在总厂对面宝山路西特建五层钢骨水泥大厦一座，移涵芬楼旧藏图书实之，名曰东方图书馆，同时并聘王云五为馆长，总理馆务。此为东方图书馆由涵芬楼蜕化而出之情形也。

据本馆统计，至民国二十年终止，实藏普通中文书二十六万八千余册，外国文书东西文合计八万余册，凡古今中外各科学术上必需参考书籍无不大致粗备。图表、照片五千余种，内有罗马教皇凡的康宫所藏明末唐王之太后、王后、王太子，及其司礼监太监皈依天主教上教皇书之影片，及中国古画十余轴，均张氏购入以供编辑考订古代制度俗尚之用；此外如德、英、美诸国所出地质地图、人体解剖图、西洋历史地图，以及本馆出版各种古画、油画及照片之原底，尤为不可胜数。

本馆所藏善本书，可分旧四部各书、方志，及中外杂志、报章三大类，尤足珍贵。先就旧四部各书言，计有：

经部	354种	2973册
史部	1117种	11820册
子部	1000种	9555册

集部　　　1274种　　　10735册

以上各书就版本言有如下表：

宋版　　　129种　　　2514册

元版　　　179种　　　3124册

明版　　　1449种　　　15833册

清版　　　138种　　　3037册

抄本　　　1460种　　　7712册

批校本　　288种　　　2126册

稿本　　　71种　　　354册

杂本　　　31种　　　383册

以上四部各版本书合计总数得3745种，都35083册。其中有五千余册向寄存金城银行库中。此外本馆并购进扬州何氏藏书约共四万余册。部别版本正在整理中。

本馆善本室中除藏有上述涵芬楼旧四部各书外，并藏有全国各省、府、厅州、县志整套。较国内任何图书馆所藏为备。兹为备学人参考起见，特据本馆纪录详列如后：

直隶省	230种	1798册
盛京	27种	160册
吉林省	3种	58册
黑龙江省	3种	16册
山东省	194种	1597册
江南省	160种	1268册
山西省	192种	1408册
河南省	172种	2084册
安徽省	115种	1421册
江西省	221种	2622册
福建省	95种	1198册
浙江省	188种	2466册
湖北省	122种	1468册
湖南省	119种	1524册
陕西省	133种	776册
甘肃省	77种	451册

新疆省	1种	30册
四川省	222种	1754册
广东省	159种	1481册
广西省	67种	576册
云南省	91种	1010册
贵州省	50种	516册

以上凡22省，得方志2641种，25682册；中有元本2种，明本139种。此中除省志齐全外，全国府、厅、州、县志应有2081种，本馆已收1753种，实已达全部之84%。搜罗赅备，蔚成巨观，国内殆无伦匹。

此外本馆并藏有公元十五世纪前所印西洋古籍（Incunabala）多卷，为馆长王云五游历欧美时购归，可称珍品。

至本馆所藏中外杂志、报章亦极完备，例如荷兰出版之《通报》(*Tung Pao*) 英国亚洲文会所出版之《学报》(*Journal of the North China Branch of Royal Asiatic Society*) 等杂志，皆为研究吾国国故者必读之书，无不备有全份。此外又有福州及上海出版之《教务杂志》(*Chinese Rocorder*)及香港出版久已绝版之《中国汇报》(*Chinese Repository*)、《哲学评论》(*Philosophical Review*)、《爱丁堡评论》(*Edinburg Review*)等杂志全份，尤为难得珍本。本馆所藏各种科学杂志甚多，而以出版已达一百余年之德国《李比希化学杂志》(*Liebig's Armclender Chemie und Pharmacie*)初版全套，殆为远东唯一孤本，最为名贵。至于本国出版之日报，如上海之《时报》《神州日报》《民国日报》，天津之《大公报》《益世报》以及清末光宣之际与《京报》并行之《谕折汇存》，均藏有全份。上海之《申报》《新闻报》，该馆所藏亦均各达三十余年以上。本国杂志之备有全份者为著名之《外交报》《新民丛报》及《国闻周报》，以及二十九年来本馆自出之《东方杂志》及其他杂志。搜集保存，均非易事。以上普通、善本各书除图表照片外，总数已达463083册之多。就吾人所知，吾国各公众图书馆藏书之富，在当时殆以东方图书馆为首，国人推为我国东南图书馆巨擘，实非过誉。东方图书馆图书布置既已就绪，乃于民国十五年正式公开展览。各界人士赴该馆阅览者，据民国十九年统计，一年中已达三万六千余人。民国十八年该馆更添设儿童图书馆，民国二十年复设流通部，以达服务社会初旨。

至于本馆之编译所原设宝山路东总厂中，民国十六年后移设东方图书馆后部余屋。所中除分设各科编译小组外，附设杂志社十处，及函授学社五科。

四

当本馆总厂被毁之日，东方图书馆及编译所即已有人传言因火焰冲过马路，亦遭殃及。迨二月一日晨八时许东方图书馆及编译所又复起火。顿时火势燎原，纸灰飞扬。直至傍晚，此巍峨璀璨之五层大厦方焚毁一空。东方图书馆三十年来继续搜罗所得之巨量中外图书，极大部分之旧四部各善本书，积累多年之全部中外杂志、报章，全套各省、府、厅、州、县志，以及编译所所藏各项参考书籍及文稿，至是尽化为劫灰。

东方图书馆既被焚毁，国内外人士益形惊动。中央委员孙科、孔祥熙、吴铁城等通电全国谓日本对我国"交通、文化、教育机关，辄付一炬"，既激同胞公愤，且失世界同情，应即一致奋起，共救危亡。第十九路军军长蔡廷锴向兵士训话时对于文化机关之被毁亦极为愤慨。南京重要文化团体及教育机关如中央研究院、中央大学、中央政治学校等，上海律师公会，各大学联合会，中国著作者会，北平学术界中人胡适、蒋梦麟、丁文江、翁文灏、傅斯年、梅贻琦、袁同礼、陶孟和、任鸿隽、陈衡哲诸人，以及上海英美籍基督教传教士百余人无不发表通电及宣言，认日军以飞机掷弹炸毁全中国教育界所托命之商务印书馆及其藏有多量无价典籍之东方图书馆为惨无人道，应请全世界人民群起制止其暴行。国民政府教育部自得本馆及东方图书馆等被毁消息后，部长朱家骅、段锡朋先后专电慰问，表示痛愤。同时中外舆论又一再致其惋惜愤慨之意。《大陆报》《大美晚报》及《华北明星》等无不各著长篇评论表示愤慨。《大公报》《申报》以及《时事新报》亦皆以东方图书馆收藏宏富,今兹遭劫,至堪痛惜为言。

五

本馆总厂及编译所、东方图书馆、尚公小学等既被日机抛弹纵火,全部焚毁,损失重大。乃于二月中旬备文分呈中央及上海党政各机关,并函致上海各实业团体,请求迅向日本提出严重抗议,并声明保留赔偿损失要求。三月上旬,战事停止后本馆始得派人前往闸北视察,据其报告所云:本馆总厂中第一、第二两印刷所为两层楼长屋两大排,中有机器数百架,为本馆主要印刷部分,均与房屋同归于尽。第三印刷所为三层大厦,系墨色石印部分,英文排版部亦在其中,均焚毁无余;第四印刷所为四层大厦,二、三两层置彩印、精印机器数十架。上层为全公司总务处所在地,下层为营业部所在地，均付一炬。其他如标本模型制造部、制油墨部，以及三层大厦置有装切机器数十架之装切部等亦无不全毁。又书籍及纸张等栈房之大厦及所存书籍纸张均焚毁一空，纸灰深可没膝。仪器、文具等栈房亦如之。藏版部系三层巨厦，被焚后所藏铜、锌、铅等版均熔成流质，溢出墙外，凝成片块。他如储电房、自来水塔、木工部、出版科、寄售股等房屋无不烧成瓦砾之场。其残留者仅机器修理部、浇版部及疗病房数处而已。至于总厂以外之东方图书馆、编译所及其附设之各杂志社、函授学社、尚公小学，以及厂外书栈房等，均仅余断壁颓垣与纸灰瓦砾云云。嗣经本馆当局详加查勘之后，当即于三月中旬依据实在情形，将全部损失数目造具清册呈报政府，兹将本馆所报数目列左：

一、总厂

  （甲）房屋

    子、总务处 170280 元

    丑、印刷所

1. 印刷部 378031 元
2. 栈房 139234 元
3. 木匠房等 5796 元
4. 储电室 21953 元
5. 自来水塔 11429 元

寅、家庆里住宅 7200 元

（乙）机器工具（包有滚筒机、米利机、胶版机、铝版机、大号自动装订机、自动切书机、世界大号照相机等）2873710 元

（丙）图版 1015242 元

（丁）存货

子、书籍

1. 本版书 4982965 元
2. 原版西书 818197 元

丑、仪器文具 771579 元

寅、铅件 19807 元

卯、机件 6207 元

（戊）纸张原料

子、纸张 776100 元

　　　　丑、原料 311200 元

（己）未了品 275000 元

（庚）生财修装

　　　　子、总务处 12523 元

　　　　丑、印刷所 82105 元

　　　　寅、研究所 535 元

（辛）寄售书籍 500000 元

（壬）寄存书籍、字画 100000 元

二、编译所

（甲）房屋在东方图书馆下层，已列入东方图书馆损失数内，不另计价。

（乙）图书

　　　　子、中文 2500 部 3500 元

　　　　丑、外国文 5250 册 52500 元

　　　　寅、图表 17500 元

　　　　卯、目录卡片 4000 元

（丙）稿件

　　　　子、书稿 415742 元

　　　　丑、字典单页 1000000 张 200000 元

　　　　寅、图稿10000元

　　（丁）生财装修24850元

三、东方图书馆

　　（甲）房屋96000元

　　（乙）书籍

　　　　子、普通书

　　　　　　1. 中文268000册154000元

　　　　　　2. 外国文80000册640000元

　　　　　　3. 图表、照片5000册50000元

　　　　丑、善本书

　　　　　　1. 经部274种2364册 ⎫
　　　　　　2. 史部996种10201册 ⎪
　　　　　　3. 子部876种8438册 ⎬ 1000000元
　　　　　　4. 集部1057种8710册 ⎪
　　　　　　5. 购进何氏善本约40000册 ⎭

　　　　　　6. 方志2641部25682册
　　　　　　　 100000元

　　　　　　7. 中外杂志、报章40000册
　　　　　　　 200000元

寅、目录卡片 400000 张 8000 元

（丙）生财装修 28210 元

四、尚公小学

（甲）校舍

子、小学部 19109 元

丑、幼稚园部 10000 元

（乙）图书、仪器及教具 12000 元

（丙）生财装修 6000 元

以上共计 16330504 元